AF240025

RAPPORT
SUR LA CORSE,

Fait au comité de salut public de la Convention nationale et au conseil exécutif provisoir, Par Aurele VARESE*, député de la sociëté des amis de la liberté et de l'égalité de Bastia.*

L A nouvelle organisation des corps administratifs en Corse, depuis la révolution, ayant appellé aux places des citoyens péu instruits des fonctions qu'ils devaient remplir, l'administration du département a particulièrement donné lieu, par sa conduite, à des reclamations fréquentes, soit par rapport aux actes arbitraires et illégaux qui ont été commis, soit par rapport à la diversion des deniers publics dont la véritable destination a presque toujours été changée, soit relativement au peu de faveur accordée aux assignats qui ne peuvent avoir de cours que par le change forcé en numéraire à une perte énorme, soit enfin par l'occultation de plusieurs loix des plus essentielles, telles que celles concernant les droits de patenté, les contributions publiques, le tarif général des droits d'entrées et de sorties.

L'ancien et le nouveau département, ont malheureusement offert cette conduite aussi fâcheuse que propre a éloigner le bonheur que le peuple Corse devait retirer de la révolution Française, avec cette différence cependant que le premier réunissait et plus de lumières et de patriotisme surtout que le second.

Des demandes réitérées ont été faites pour que la conduite des autorités constituées en Corse, fut scrupuleusement examinée, que leurs comptes fussent soumis à une censure également sévere, et que l'on ramena dans cette administration l'ordre, la régularité et l'économie qui doivent présider à toute administration publique et populaire.

On essaya en 1791, d'envoyer en Corse des commissaires civils, mais ceux-ci nommés par le pouvoir exécutif ne furent pas investis d'une autorité assez étendue pour pouvoir découvrir les abus qui regnaient dans le département, ni pour employer efficacement les moyens de les faire cesser.

Ces désordres ont continué d'exister et se sont accrû sous le département renouvellé en décembre 1792. Paoli se servit avec succès de toute son influence pour faire appeller aux places d'administrateurs ses affidés et des ennemis déclarés de la révolution. Il influença également sur la formation des administrations inférieures et réussit à les composer presque de même. Ces choix effrayerent les bons patriotes et commencerent à démasquer Paoli.

Ces administrations organisées, on a vu avec étonnement accorder la plus grande faveur à des prêtres réfractaires et non conformistes, des émigrés rentrer et être tolérés dans le chef lieu, des commissaires de ce nouveau département faire dévaster et incendier sous leurs yeux les biens de quelques citoyens de Tavagna, Casacconi et Ciamanaccie, arrêter et emprisonner arbitrairement les individus et occulter les loix les plus essentielles, et particulièrement celles concernant le clergé et les émigrés.

Des réclamations faites à la convention nationale, l'ont sans-doute determinée à envoyer en Corse des représentans pour y rétablir le regne de la loi ; ramener l'ordre dans l'aministration et pourvoir en même tems à la sureté des places de ce département en cas d'invasion de la part de l'ennemi. Sans les circonstances critiques où s'est trouvé le département, les représentans Delcher, Lacombe - St. Michel et Sallicetti, eussent parfaitement rempli les vues sages de la convention, et la société populaire de Bastia rend justice à leurs principes, à leur popularité et à leurs bonnes intentions.

Cette mission a porté l'épouvante parmi les promoteurs et fauteurs de ces prévarications, et dès lors on a cherché à prévenir le peuple contre les représentans commissaires. On n'a pas négligé de les peindre comme des hommes envoyés pour prêcher la discorde et établir l'anarchie.

Tandis qu'on inspirait ces préventions, le département écrivait aux représentans à Toulon et les invitait à venir avec confiance et sur tout sans force, prétendant qu'elle était inutile et qu'elle serait même *dangereuse*.

Les représentans débarquent en Corse, et le département se tient constamment dans l'éloignement, évite d'avoir avec eux aucune relation et sur-tout de leur offrir les comptes et les renseignemens qu'ils devaient recevoir de lui.

Les commissaires représentans, sont arrivées en Corse le 6 avril et le 14 le décret d'arrestation de Paoli et de Pozzodiborgo, procureur-général-sindic y est parvenu. Ce décret lancé sur-tout contre Paoli a été prématuré, et la convention nationale aurait dû attendre pour le rendre, le rapport de ses commissaires. Les choses semblaient disposées à s'arranger, le citoyen Saliceti par un dévouement à la chose publique, digne d'un représentant du peuple, s'était courageusement rendu à Corté auprès de Paoli et l'avait déterminé à se rendre à Bastia. Dans cet intervalle arrive cé décret et toutes les mesures sages et préparées par les commissaires représentans deviennent inutiles.

Paoli sous le prétexte de ses infirmités habituelles, n'obéit pas au décret qui lui est signifié le 18. Il proteste dans un imprimé de son innocence ; il y annonce qu'il veut se justifier et il ne le fait pas. En attendant une grande partie du peuple Corse attachée à sa personne par un certain sentiment de reconnaissance qu'il lui a voué pour les avoir soutenus et aidés dans leurs guerres contre les Génois leurs anciens tyrans : ajoute foi alors à ce qu'on avait déjà publié que les commissaires en veulent particulièrement à sa personne, et dès ce moment une inquiétude se manifeste dans presque toutes les contrées de la Corse, d'où l'on part pour se rendre à Corté, dans l'intention d'y offrir à Paoli un rempart à la défense de sa personne.

Le département voyant son procureur-général syndic frappé, se sent compromis et obligé de se justifier des imputations qu'on lui a faites; pour intéresser le peuple en sa faveur, il cherche à associer sa cause à celle de Paoli; il envoit partout des commissaires pour exciter les citoyens à se méfier des représentans, à s'armer et à résister à l'oppression, et pour donner plus de poids à leurs démarches, ils répandent qu'il y a une conspiration contre la liberté des Corses. Ils représentent les citoyens Delcher, Lacombe, St.-Michel, et Saliceti, tantôt comme des agens d'une faction qui veut livrer la France à un roi, tantôt, comme chargés de vendre la Corse aux Génois, c'est ainsi qu'on parvient à égarer un peuple simple qui abhorre la tyrannie. Ils savaient, les perfides, que c'était le seul moyen de porter les Corses à toutes les extrémités possibles : ils l'ont employé.

Le directoire du département a dit que le seize août il avoit envoyé ses commissaires dans les différens districts pour y prévenir et attenuer les effets qui aurait pu faire naître les nouvelles des trahisons de Dumouriez ; mais il est essentiel d'observer qu'elles n'ont été connues en Corse que le 25, et que cette nomination de commissaires n'a été réellement faite que dans la nuit du 19 au 20 avril, c'est-à-dire immédiatement après la notification du décret d'arrestation de Paoli, signifié le dix-huit.

Le district de l'Isle Rousse, où le peuple est plus facile à séduire que dans les autres districts, prend les armes et va pour s'emparer de la place de Caloi, sous la conduite de l'administrateur Panattieri. On désarme à l'Isle Rousse un détachement de troupe de ligne.

A la porta, ce sont les mêmes mouvemens, et la troupe est aussi désarmée ; à Cervione, l'on fait les mêmes tentatives, et l'on est obligé pour sauver la troupe, d'ordonner sa retraite.

Dans cet état de choses, les représentans destituent le département et Leonetti, chef de la gendarmerie et neveu de Paoli.

C'est alors que le déparrement arbore encore plus ouvertement l'étendard de la

rébellion , il convoque une assemblée gé-
nérale sous le nom de consulte , pour la-
quelle il appelle des députés de chaque
commune et tous les individus qui veulent
y intervenir.

Cette assemblée illégale se tient à Corté ,
Paoli la préside et en fait nommer vice pré-
sident , un ex - provincial des Cordeliers
son confesseur. Là , on y arrête des listes
de proscriptions ; on y réintègre le département et le procureur - général-syndic ;
on proclame Paoli généralissime et on y
fait tous les actes qui constatent la rébellion
la plus absolue. Par un contraste des plus
frappans, on finit cependant par protester
qu'on veut vivre et mourir français républicains.

Ensuite on ne s'en tient pas seulement
à méconnaître l'autorité des représentans
du peuple , et à inspirer contr'eux , par
les écrits les plus incendiaires la plus grande
méfiance ; mais encore on intercepte leurs
proclamations et tous les imprimés qui
pouvaient tendre à dessiller les yeux du
peuple. On pille les magazins de la république , on s'empare du trésor national ,
on met à contribution, on dévaste et on in-
cendie les maisons des vrais républicains,
on maltraite et on emprisonne les per-
sonnes de tout sexe , on détruit les bes-
tiaux et on ravage les campagnes ; que ne

fait-on pas enfin pour intimider les plus paisibles et les forcer malgré eux à se mettre en état de rébellion ?

Telles sont les manœuvres employées par Paoli et ses adhérans, et qui ont mis presque tout l'infortuné peuple Corse dans l'état de rébellion où il se trouve ; il a la bonne foi de croire qu'il sera toujours Français, tout en méconnaissant les représentans de la nation.

Telle est la déplorable situation du département de Corse. Les seules villes de Bastia, Caloi et St.-Florent sont restées à la république (1). Fortes de leurs canons et encore plus du civisme de leurs habitans et des troupes de la république, ces villes résisteront aux rébelles de l'intérieure du département et aux flottes ennemis. Si elles avaient besoin d'être animées et encouragées, elles le seraient par la présence du citoyen Lacombe-St Michel, dont le zèle patriotique et les talens militaires sont connus. Les rébelles savent combien, dans

---

(1). C'est beaucoup que les représentans commissaires ayent réussi à conserver ces trois villes à la république. A leur arrivée en Corse, elles avaient toutes des commandans militaires choisis par Paoli, et entièrement dévoués à ses volontés

plusieurs circonstances , la présence de vos représentans leur a été fatale. On a vu Lacombe-St.-Michel diriger à Ajaccio les batteries contre les rébelles, tandis que son collègue Saliceti les repoussaient à coups de fusil à la tête de nos braves frères d'armes.

Déjà la ville de Bastia a eu le bonheur de se montrer digne de faire partie de la république française : plusieurs vaisseaux espagnols se présentent devant son port, à l'instant elle se leve toute entière, et la contenance fière de ses habitans et des troupes de la république la font disparaître.

Les mesures relativement à la Corse, présentées par le comité de salut-public et adoptées par la convention nationale, ne peuvent que produire les effets les plus satisfaisans. Il ne s'agit que de les mettre à exécution le plus promptement possible, et on inspirera par là à tous les vrais républicains la plus vive reconnaissance. Une force imposante sera seule capable de ranimer les bons citoyens attachés au parti de la république, et en ramènera un grand nombre que l'erreur ou la crainte de perdre leurs possessions en tenaient éloignés. La présence seule, enfin, d'une force publique, en annonçant l'intérêt que la convention nationale prend au bonheur

et à la tranquilité de ses frères Corses ;
peut opérer sans aucune effusion de sang,
les heureux effets d'une parfaite union.

Signé, AURELE VARESE.

Paris le   juillet 1793, l'an IIe. de la République Française.

———

De l'imprimerie, de PAIN, Cloître Saint-Ho-
noré.